AF221995

училище - ትምህርት ቤት   2
пътуване - ጉዞ   5
транспорт - መጓጓዣ   8
град - ከተማ   10
пейзаж - መልከዓምድር   14
ресторант - ምግብ ቤት   17
супермаркет - የሸቀጣ ሸቀጥ መደብር   20
напитки - መጠጦች   22
ядене - ምግብ   23
селски двор - እርሻ   27
къща - ቤት   31
всекидневна - ሳሎን   33
кухня - ማድቤት   35
баня - መታጠቢያ ቤት   38
детска стая - የልጅ ክፍል   42
облекло - አልባሳት   44
офис - ቢሮ   49
икономика - ኢኮኖሚ   51
професии - የስራ ሙያዎች   53
инструменти - መሳሪያዎች   56
музикални инструменти - የሙዚቃ መሳሪያዎች   57
зоологическа градина - የደር እንስሳት ማቆያ   59
спорт - የስፖርት አይነቶች   62
дейности - እንቅስቃሴዎች   63
семейство - ቤተሰብ   67
тяло - አካል   68
болница - ሆስፒታል   72
спешен случай - ድንገተኛ   76
Земя - ምድር   77
часовник - ሰዓት   79
седмица - ሳምንት   80
година - ዓመት   81
форми - ቅርፆች   83
цветове - ቀለማት   84
противоположности - ተቃራኒዎች   85
числа - ቁጥሮች   88
езици - ቋንቋዎች   90
кой / какво / как - ማን/ ምን/ እንዴት   91
къде - የት   92

Impressum
Verlag: BABADADA GmbH, Nedderfeld 112 , 22529 Hamburg
Geschäftsführer / Verlagsleitung: Harald Hof
Druck: Books on Demand GmbH, In de Tarpen 42, 22848 Norderstedt

Imprint
Publisher: BABADADA GmbH, Nedderfeld 112 , 22529 Hamburg, Germany
Managing Director / Publishing direction: Harald Hof
Print: Books on Demand GmbH, In de Tarpen 42, 22848 Norderstedt, Germany

училище

ትምህርት ቤት

класна стая
መማሪያ ክፍል
деление
ማካፈል
186/2
черна дъска
ሰሌዳ
училищен двор
የትምህርት ቤት ቅጥር ግቢ
учител
መምህር
хартия
ወረቀት
пиша
መፃፍ
химикал
እስክሪብቶ
бюро
መፃፊያ ጠረጴዛ
линеал
ማስመሪያ
книга
መጽሐፍ
ученик
ተማሪ

ученическа раница

የጀርባ ቦርሳ

ученически несесер

የእርሳስ መያዣ

молив

እርሳስ

острилка за моливи

የእርሳስ መቅረጫ

гума

ላጲስ

блок за рисуване

የስዕል ደብተር

2

училище - ትምህርት ቤት

рисунка

ስዕል

четка

የቀለም ብሩሽ

акварелни бои

የቀለም ሳጥን

ножица

መቀስ

лепило

ማጣበቂያ

тетрадка за упражнения

መልመጃ ደብተር

домашна работа

የቤት ስራ

число

ቁጥር

събиране

መደመር

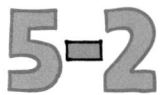

изваждане

መቀነስ

умножение

ማባዛት

смятане

ቁጥሮችን ማስላት

буква

ደብዳቤ

азбука

ፊደላት

дума

ቃል

текст

ፅሑፍ

чета

ማንበብ

тебешир

ጠመኔ

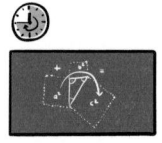

час

ትምህርት

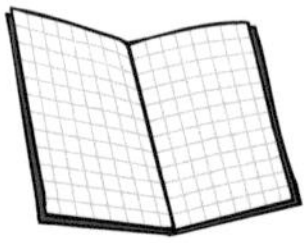

дневник на класа

ምዝገባ

изпит

ፈተና

свидетелство

ሰርተፊኬት

ученическа униформа

የትምህርት ቤት የደንብ ልብስ

образование

ትምህርት

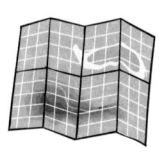

справочник

አዉደ ጥበብ

университет

ዩኒቨርስቲ

микроскоп

የምርምር አጉሊ መሳርያ

карта

ካርታ

кошче за хартиени отпадъци

የቆሻሻ ወረቀት መጣያ ቅርጫት

хотел
ሆቴል
хостел
ማረፊያ ቤት
обменно бюро
የዉጭ ገንዘብ ምንዛሪ ቢሮ
куфар
ልብስ መያዣ ሻንጣ
кола
መኪና

език

ቋንቋ

да / не

አዎ/ አይደለም

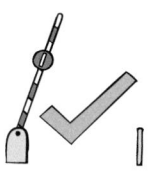

Окей

እሺ

здравей

ሰላም

преводач

አስተርጓሚ

Благодаря

አመሰግናለሁ

Колко струва…?

ስንት ነዉ.......?

Не разбирам

አልገባኝም

проблем

እክል

Добър вечер!

እንደምን አመሹ!

Добро утро!

እንደምን አደሩ!

Лека нощ!

መልካም ምሽት!

довиждане

ደህና ይሰንብቱ

посока

አቅጣጫ

багаж

ሻንጣ

пътна чанта

ቦርሳ

раница

የጀርባ ቦርሳ

посетител

እንግዳ

стая

ክፍል

спален чувал

የመተኛ ቦርሳ

палатка

ድንኳን

уристическа информация

የጎብኚዎች መረጃ

плаж

የባህር ዳርቻ

кредитна карта

ክሬዲት ካርድ

закуска

ቁርስ

обед

ምሳ

вечеря

እራት

билет

ቲኬት

асансьор

አሳንስር

пощенска марка

ማህተም

граница

ድንበር

митница

ባህሎች

посолство

ኤምባሲ

виза

ቪዛ/የይለፍ ወረቀት

паспорт

ፓስፖርት

транспорт

መጓጓዣ

кораб
መርከብ
самолет
አዉሮፕላን
пожарна кола
የእሳት አደጋ መኪና
автобус
አዉቶብስ
товарен автомобил
የጭነት መኪና
моторна лодка
የሞተር ጀልባ
кола
መኪና
велосипед
ብስክሌት

ферибот

የማመላለሻ ጀልባ

лодка

ጀልባ

мотоциклет

የሞተር ብስክሌት

полицейска кола

የፖሊስ መኪና

състезателна кола

የዉድድር መኪና

кола под наем

የኪራይ መኪና

каршеринг

የመኪና መጋራት

автомобил от "Пътна помощ"

ጎታች መኪና

сметовоз

የቆሻሻ ጭነት መኪና

двигател

ሞተር

бензин

ነዳጅ

бензиностанция

የቤንዚን ማደያ

пътен знак

የመንገድ ምልክት

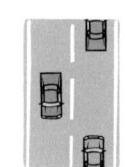

улично движение

የመኪኖች እንቅስቃሴ

задръстване

የመኪና መጨናነቅ

паркинг

የመኪና ማቆሚያ

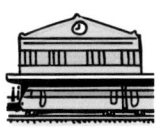

гара

የባቡር ጣቢያ

релси

የባቡር ሀዲዶች

влак

ባቡር

трамвай

የኤሌክትሪክ ባቡር

вагон

ሰረገላ

хеликоптер

ሄሊኮፕተር

аерогара

አየር ማረፊያ

кула

ማማ

пасажер

መንገደኛ

контейнер

ማስቀመጫ፤ ማጠራቀሚያ

кашон

ካርቶን እቃ ማሸጊያ

ръчна количка

ጋሪ፤ ተሳቢ

кошница

ቅርጫት

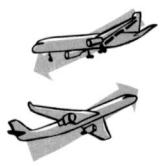

излитам / приземявам се

መነሳት/ ማረፍ

град

ከተማ

село

መንደር

градски център

የከተማ ማዕከል

къща

ቤት

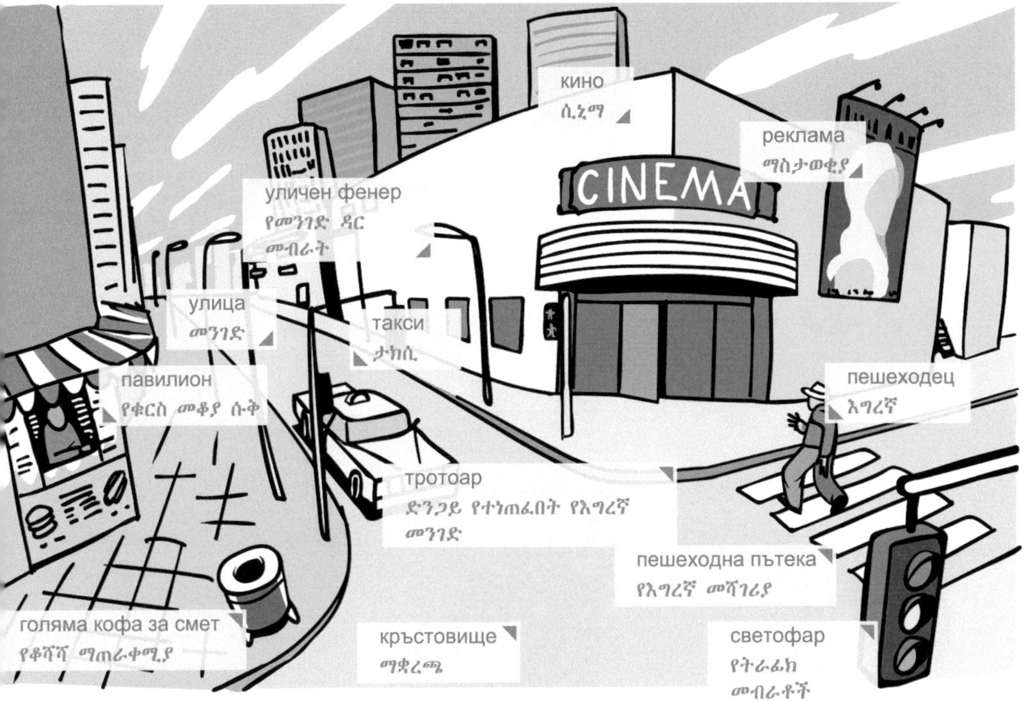

кино
ሲኒማ
CINEMA
реклама
ማስታወቂያ
уличен фенер
የመንገድ ዳር
መብራት
улица
መንገድ
такси
ታክሲ
павилион
የቁርስ መቆያ ሱቅ
пешеходец
እግረኛ
тротоар
ድንጋይ የተነጠፈበት የእግረኛ
መንገድ
пешеходна пътека
የእግረኛ መሻገሪያ
голяма кофа за смет
የቆሻሻ ማጠራቀሚያ
кръстовище
ማቋረጫ
светофар
የትራፊክ
መብራቶች

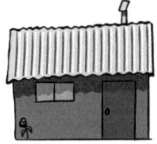

хижа

ጎጆ

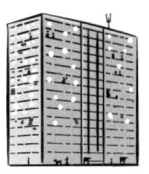

жилище

አፓርታማ

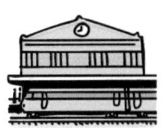

гара

የባቡር ጣቢያ

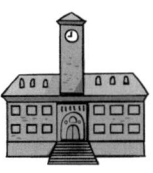

кметство

የከተማ አዳራሽ

MUSEUM

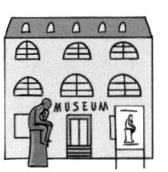

музей

ቤተ መዘክር

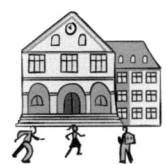

училище

ትምህርት ቤት

университет

ዩኒቨርስቲ

банка

ባንክ

болница

ሆስፒታል

хотел

ሆቴል

аптека

መድሐኒት ቤት

офис

ቢሮ

книжарница

መፅሐፍ መሸጫ

магазин за цветя

ሱቅ

магазин за цветя

የአበባ መሸጫ

супермаркет

የሸቀጣ ሸቀጥ መደብር

пазар

ገበያ ስፍራ

универсален магазин

መደብር

търговец на риба

የዓሳ ነጋዴ

търговски център

የገበያ ማዕከል

пристанище

ወደብ

парк

መናፈሻ ቦታ

пейка

አግዳሚ ወንበር

мост

ድልድይ

стълба

ደረጃዎች

метро

ዉስጥ ለዉስጥ

тунел

ዋሻ

автобусна спирка

የአዉቶቡስ ፌርማታ

бар

ባር

ресторант

ምግብ ቤት

пощенска кутия

የፖስታ ሳጥን

улична табелка

የመንገድ ምልክት

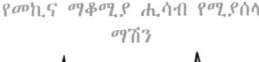

часовник за паркинг престой

የመኪና ማቆሚያ ሒሳብ የሚያሰላ ማሽን

зоологическа градина

የደር እንስሳት ማቆያ

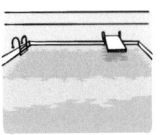

плувен басейн

የመዋኛ ገንዳ

джамия

መስጊድ

селски двор

እርሻ

замърсяване на околната среда

የሚበከል ነገር

гробище

መቃብር ስፍራ

църква

ቤተ ክርስቲያን

детска площадка

መጫወቻ ሜዳ

храм

ቤተ መቅደስ

пейзаж

መልክዓምድር

листо
ቅጠል

пътепоказател
የመንገድ ላይ
ምልክት

път
መንገድ

ливада
አረንጓዴ መስክ

камък
ድንጋይ

дърво
ዛፍ

пътешественик
በእግሩ የሚጓዝ

река
ወንዝ

трева
ሳር

цвете
አበባ

долина

ሸለቆ

планина

ኮረብታ

море

ሀይቅ

гора

ጫካ

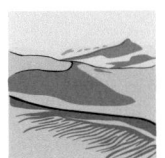

пустиня

በረሃ

вулкан

እሳተ ገሞራ

замък

ግምብ

дъга

ቀስተ ዳመና

гъба

እንጉዳይ

палма

የቴምብር ዛፍ/ ዘንባባ

комар

ቢንቢ/ የወባ ትንኝ

муха

 በራሪ

мравка

ጉንዳን

пчела

ንብ

паяк

ሸረሪት

бръмбар

ጢንዚዛ

жаба

እንቁራሪት

катеричка

ሽኮኮ

таралеж

ጃርት

заек

ጥንቸል

кукумявка

ጉጉት ወፍ

птица

ወፍ

лебед

የዉሃ ዳክዬ

диво прасе

ከርከሮ

елен

አጋዘን

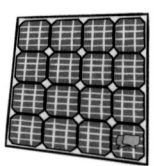

лос

አጋዘን

бент

ግድብ

вятърна турбина

በነፋስ የሚሽከረከር

соларен модул

የፀሀይ ፓኔሎ

климат

አየር ንብረት

ресторант

ምግብ ቤት

келнер
አስተናጋጅ
меню
ማዉጫ
стол
ወንበር
супа
ሾርባ
пица
покривка за маса
የጠረጴዛ ጨርቅ
прибори за хранене

предястие

የምግብ ፍላጎትን የሚከፍት ምግብ

основно ястие

ዋና ምግብ

десерт

ማጣጣሚያ ተከታይ ምግብ

напитки

መጠጦች

ядене

ምግብ

бутилка

ጠርሙስ

бързо хранене

ፈጣን ምግብ

улична храна

የመንገድ ምግብ

кана за чай

የሻይ ማንቆርቆሪያ

кутия за захар

የስኳር እቃ

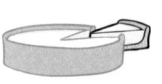

порция

ድርሻ

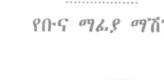

еспресо машина

የቡና ማፌያ ማሽን

висок детски стол

ባለጌ ወንበር

сметка

የክፍያ ደረሰኝ

табла

ትሪ

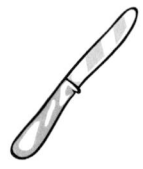

ножица за нокти

ቢላዋ

вилица

ሹካ

лъжица

ማንኪያ

чаена лъжичка

የሻይ ማንኪያ

салфетка

ልብስ ምግብ እንዳይነካ የሚረዳ ጨርቅ

стъклена чаша

ብርጭቆ

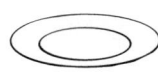

чиния

ዝርግ ሰሀን

чиния за супа

የሾርባ ጎድጓዳ ሰሀን

чинийка

የስኒ ማስቀመጫ

сос

ማጣፈጫ ስጎ

солница

የጨዉ እቃ

мелничка за черен пипер

የተፈጨ ቃሪያ

оцет

ኮምጣጤ

олио

የምግብ ዘይት

подправки

ቀመማ ቅመሞች

кетчуп

የቲማቲም ድልህ

горчица

ሰናፍጭ

майонеза

ማዮኒዝ

супермаркет
የሸቀጣ ሸቀጥ መደብር

оферта
ልዩ አቅራቦት
клиент
ደምበኛ
млечни продукти
የወተት ተዋፅዖ
плодове
ፍራፍሬ
количка за покупки
ባለ ጎማ የእጅ ጋሪ

кланица

ሉካንዳ ነጋዴ

хлебарница

መጋገርያ

тегля

ክብደት መመዘን

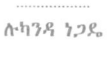

зеленчуци

ቅጠላ ቅጠል አትክልት

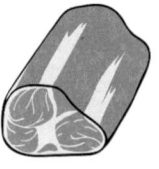

месо

ስጋ

дълбоко замразена храна

የቀዘቀዘ/የረጋ ምግብ

нарязан колбас или сирене

ቀዝቃዛ ቁራጭ

консерви

የታሸገ ምግብ

перилен препарат

የማጠቢያ ዱቄት

лакомства

ጣፋጮች

домакински изделия

የቤት ዉስጥ ዉጤቶች

почистващи препарати

የፅዳት ምርቶች

продавачка

የሽያጭ ባለሙያ

каса

የገንዘብ መመዝቢያ ማሽን

касиер

የሒሳብ ሰራተኛ

списък на покупките

የግዢ ዝርዝር

работно време

ክፍት ሰዓታት

портфейл

የኪስ ቦርሳ

кредитна карта

ክሬዲት ካርድ

чанта

ቦርሳ

пластмасова торба

የፕላስቲክ ቦርሳ

напитки

መጠጦች

вода

ውሃ

сок

ጭማቂ

мляко

ወተት

кола

ኮካ-ኮላ

вино

ወይን

бира

ቢራ

алкохол

አልኮል

какао

ኮካ

чай

ሻይ

кафе машина

ቡና

еспресо

የተፈላ ቡና

капучино

ካፕቺኖ

ядене

ምግብ

банан

ሙዝ

ябълка

ፖም

портокал

ብርቱካን

пъпеш

ሀብሀብ

лимон

ሎሚ

морков

ካሮት

чесън

ነጭ ሽንኩርት

бамбук

ሸምበቆ

лук

ቀይ ሽንኩርት

гъба

እንጉዳይ

ядки

ለዉዝ

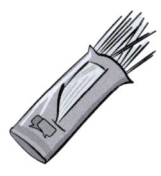

макарони

የህፃናት ምግብ

спагети

ፓስታ

ориз

ሩዝ

салата

ሰላጣ

пържени картофи

የድንች ጥብስ

печени картофи

ድንች ጥብስ

пица

ፒዛ

хамбургер

ዳቦ ዉስጥ በስሱ ተጠብሶ የገባ ስጋ

сандвич

ሳንድዊች

шницел

ጥሬ ስጋ

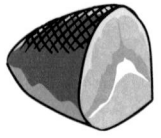

шунка

የአሳማ ስጋ

траен колбас

በቅመምና በጨዉ የታሸ ምግብ ቀዝቅዞ የሚበላ ሾርባ ምግብ

салам

ቋሊማ

пиле

ዶሮ

печено

ጥብስ

риба

አሳ

овесени ядки

የአጃ ገንፎ

мюсли

ከወተት ጋር ተደባልቀዉ የሚበሉ ምግቦች

корнфлейкс

የበቆሎ ቅርፊት

брашно

ዱቄት

кроасан

ኩራሳ

хлебчета

ድብልብል ዳቦ

хляб

ዳቦ

препечена филийка

መጥበስ

бисквити

ብስኩት

масло

ቅቤ

извара

እርጎ

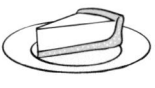

сладкиш

ኬክ

яйце

እንቁላል

яйца на очи

እንቁላል ጥብስ

сирене

አይብ

сладолед

የበረዶ ክሬም

захар

ስኳር

мед

ማር

мармалад

ማርማላት

нуга крем

የተናጠ የወተት ክሬም

къри

ማጣፈጫ

селска къща
የገበሬ ቤት

плевня
የእህልና የከብት ማቀመጫ
ቤት

бала сено
የጭድ ክምር

поле
ሜዳ

кон
ፈረስ

конче
የፈረስ ዉርንጭላ

трактор
የእርሻ መኪና

ремарке
ተሳቢ መኪና

магаре
አህያ

агне
የበግ ጠቦት

овца
በግ

коза

ፍየል

крава

ላም

теле

ጥጃ

свиня

አሳማ

прасенце

ግልገል አሳማ

бик

ኮርማ

гъска

ዝይ

патица

ዳክዬ

пиленце

የዶሮ ጫጬት

кокошка

ዶር

петел

አዉራ ዶሮ

плъх

አይጥ

котка

ደድመት

мишка

አይጥ

вол

በሬ

куче

ዉሻ

кучешка колиба

የዉሻ ቢት

градински маркуч

የአትክልት ቦታ

лейка

ዉሃ ማጠጫ ባልዲ

коса

ረጅም ማጭድ

плуг

ማረሻ

сърп

ማጭድ

мотика

መኮትኮቻ

вила за тор

የእህል መንሽ

брадва

መጥረቢያ

ръчна количка

ኩርኩር/ የእጅ ጋሪ

корито

ገንዳ

съд за мляко

የወተት ዕቃ

чувал

ጆንያ ከረጢት

ограда

አጥር

обор

የፈረስ ጋጣ

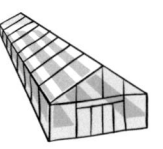

парник

ዕፅዋት ማሳደጊያ የመስታዉት ቤት

земя

አፈር

сеитба

ዘር

тор

የመሬት ማዳበሪያ

комбайн

ጥምር ማረሻ

жъна

አዝመራ መሰብሰብ

реколта

አዝመራ

ямс

ድንች

жито

ስንዴ

соя

ሶያ

картоф

ድንች

царевица

በቆሎ

рапица

የከብት መኖ

овощно дърво

የፍሬ ዛፍ

маниока

የካሳቫ ዛፍ

зърнени храни

እህል

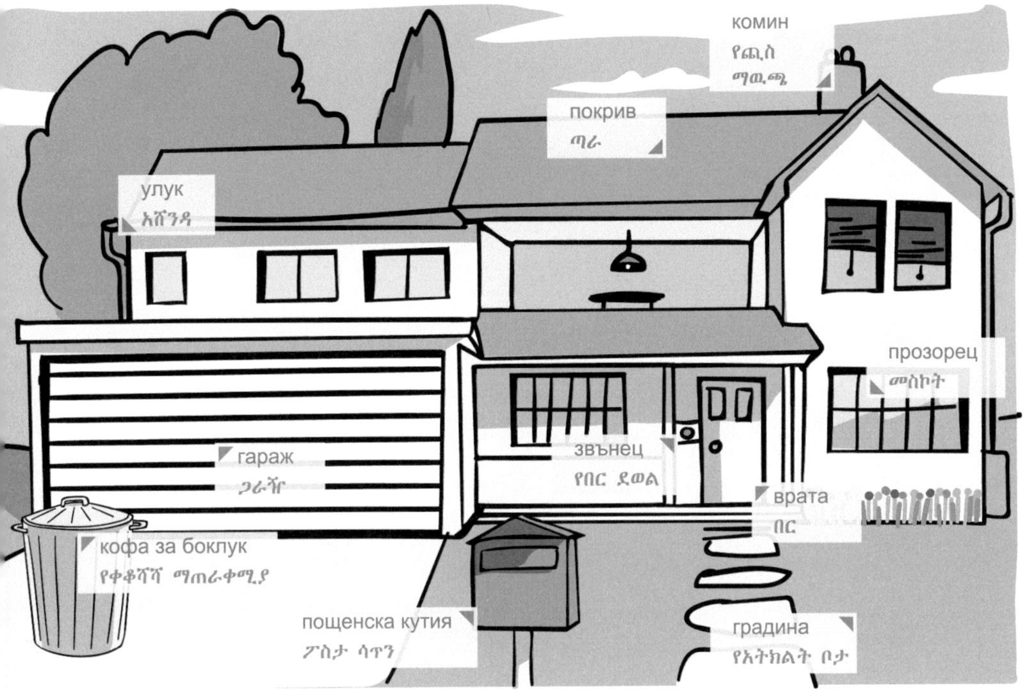

комин
የጪስ
ማውጫ

покрив
ጣራ

улук
አሽንዳ

прозорец
መስኮት

гараж
ጋራዥ

звънец
የበር ደወል

врата
በር

кофа за боклук
የቀቆሻሻ ማጠራቀሚያ

пощенска кутия
ፖስታ ሳጥን

градина
የአትክልት ቦታ

всекидневна

ሳሎን

баня

መታጠቢያ ቤት

кухня

ማድቤት

спалня

መኝታ ቤት

детска стая

የልጅ ክፍል

трапезария

መመገቢያ ክፍል

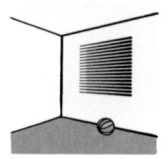

под

ወለል

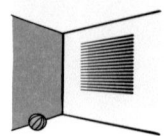

стена

ግድግዳ

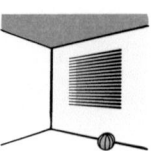

таван

ጣሪያ

изба

ምድር ቤት

сауна

በእንፋሎት ሙቀት መታጠቢያ
ቤት

балкон

ሰገነት

тераса

ከፍ ያለ መደብ

плувен басейн

የመዋኛ ገንዳ

косачка

የማጨጃ መኪና

спално бельо

አንሶላ

покривка за легло

የአልጋ ልብስ

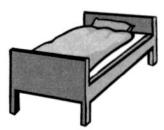

легло

አልጋ

метла

መጥረጊያ

кофа

ባልዲ

електрически ключ

ማብሪያና ማጥፊያ

всекидневна

ሳሎን

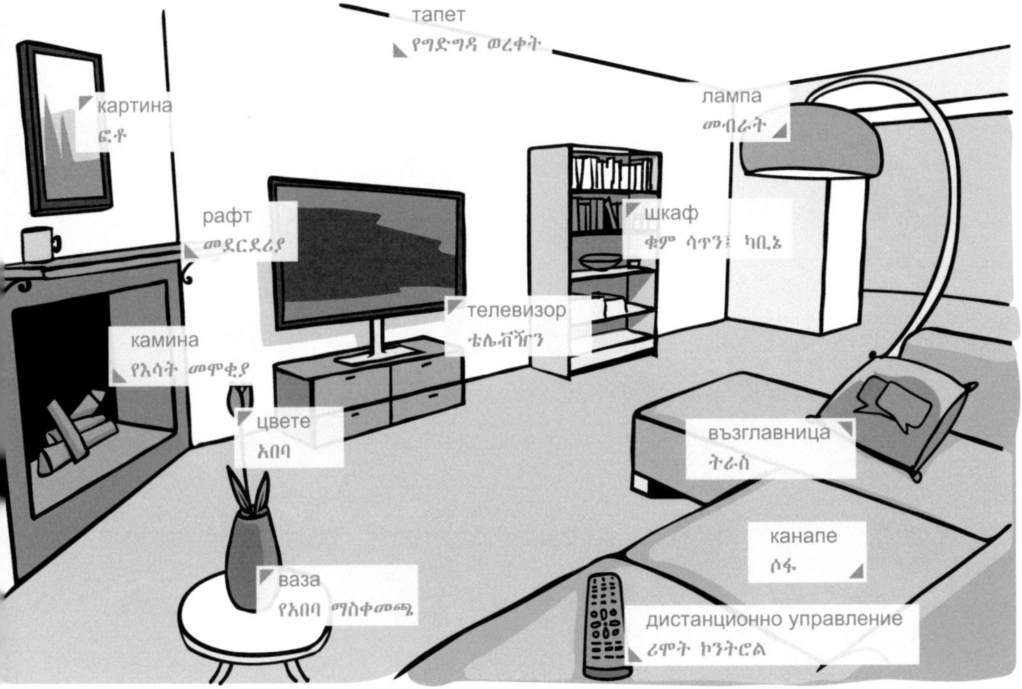

тапет
የግድግዳ ወረቀት
картина
ፎቶ
лампа
መብራት
рафт
መደርደሪያ
шкаф
ቁም ሳጥን፣ ካቢኔ
телевизор
камина
የእሳት መሞቂያ
цвете
አበባ
възглавница
ትራስ
канапе
ሶፋ
ваза
የአበባ ማስቀመጫ
дистанционно управление
ሪሞት ኮንትሮል

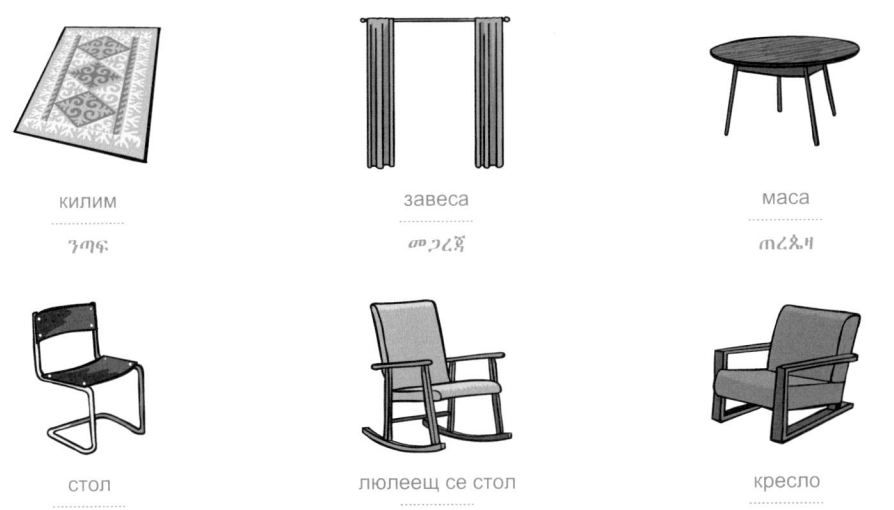

килим

ንጣፍ

завеса

መጋረጃ

маса

ጠረጴዛ

стол

ወንበር

люлеещ се стол

ተወዛዋዥ ወንበር

кресло

ባለመደገፊያ ወንበር

книга

መጽሐፍ

одеяло

ብርድ ልብስ

декорация

ጌጥ

дърва за отопление

ማገዶ

филм

ፊልም

стерео уредба

የሙዚቃ መሣጫወቻ

ключ

ቁልፍ

вестник

ጋዜጣ

живопис

ስዕል

постер

የተለጠፈ ማስታወቂያ እንደ ስዕል

радио

ራዲዮ

бележник

ማስታወሻ ደብተር

прахосмукачка

የአየር ማፅጃ ለምንጣፍ

кактус

ቁልቋል

свещ

ሻማ

кухня
ማድቤት

хладилник
ማቀዝቀዣ
микровълнова фурна
ማይክሮዌቭ ምግብ ማብሰያ
кухненска везна
የኩሽና መመዘኛ ሚዛን
тостер
ዳቦ መጥበሻ
почистващо средство
ንፁህ ማድረጊያ
фурна
ምድጃ
хладилна камера
ማቀዝቀዣ
кофа за боклук
የቆሻሻ ማጠራቀሚያ
миялна машина
እቃ ማጠቢያ

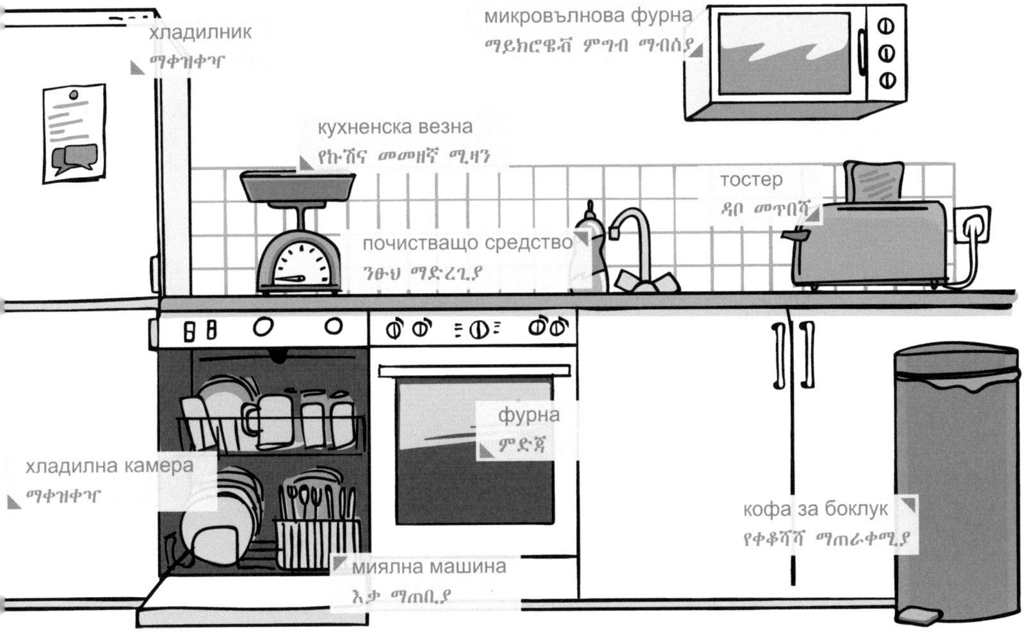

готварска печка

ምግብ አብሳይ

тенджера

ማሰሮ

желязна тенджера

የብረት ማሰሮ

уок / кадаи

ምግብ ማብሰያ ዝርግ ድስት

тиган

የምግብ መጥበሻ

кана за затопляне на вода

ማንቆርቆሪያ

уред за готвене на пара

የእንፋሎት ማብሰያ

тава за печене

የመጋገሪያ ትሪ

съдове

ሰብስቦች

чаша

ትልቅ ኩባያ

купа

ጎድጓዳ ሳህን

клечки за хранене

ቾፕስቲክስ

черпак

ጭልፋ

лопатка за тиган

መሰቅሰቂያ ዝርግ ማንኪያ

тел за разбиване (на яйца, белтъци)

ማደባለቂያ

кошница за варене

መወጠሪያ

гевгир

ወንፊት

ренде

መፈርፈሪያ መሳሪያ

хаван

ሲሚንቶ

барбекю

የፍም ጥብስ

огнище

የተለቀቀ እሳት

дъска

መክተፊያ

точилка

ተንሸራታች መርፌ

тирбушон

የጠርሙስ መክፈቻ

кутия

ጣሳ

отварачка за консерви

የጣሳ መክፈቻ

кухненска ръкохватка

የማሰሮ መሸፈኛ

мивка

ሳህን ማጠቢያ

четка

ብሩሽ

гъба

ስፖንጅ

миксер

መደባለቂያ መሳሪያ

фризер

በጣም ማቀዝቀዣ

бебешко шише

ጡጦ

воден кран

ቧንቧ

баня

መታጠቢያ ቤት

отопление
ማሞቂያ
душ
መታጠቢያ
хавлиена кърпа
ፎጣ
завеса за баня
የመታጠቢያ ቤት መጋረጃ
шампоан за вана
የአረፋ መታጠቢያ
вана
የመታጠቢያ ገንዳ
стъклена чаша
ብርጭቆ
перална машина
የልብስ ማጠቢያ
воден кран
ቧንቧ
плочки
ማዕዘን ወለል
гърне
ፖፖ
мивка
ሳህን ማጠቢያ

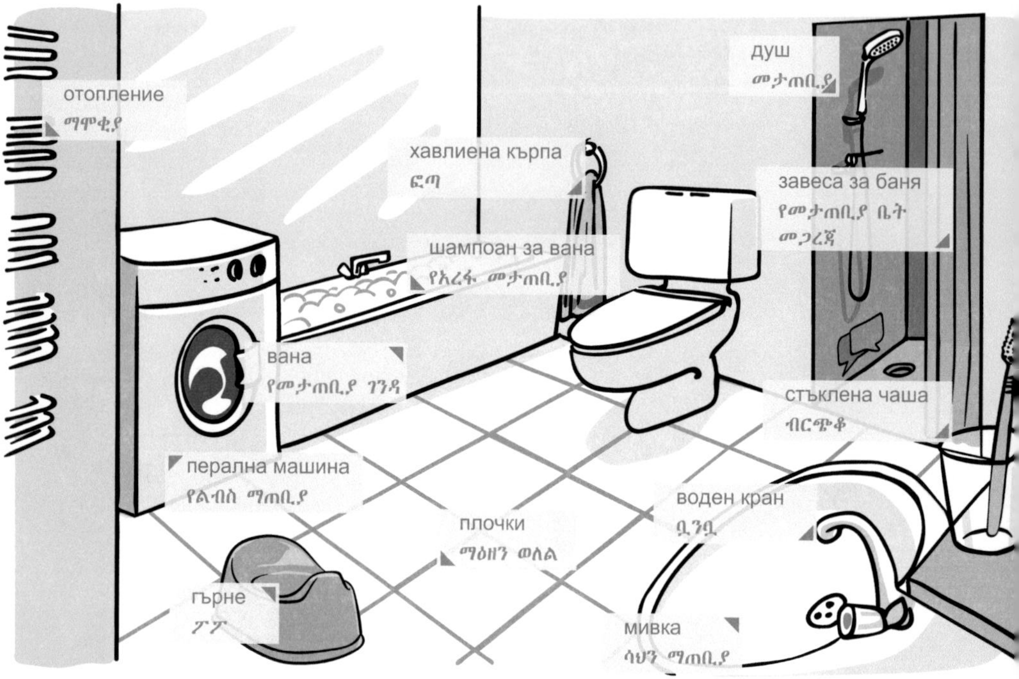

тоалетна

ሽንት ቤት

клекало

የሽንት ቤት መቀመጫ

биде

ሳፋ

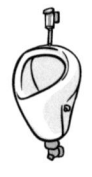

писоар

የመንገድ ዳር መሽኛ

тоалетна хартия

የሽንት ቤት ወረቀት

четка за тоалетна

የሽንት ቤት ማፅጃ ብሩሽ

четка за зъби

የጥርስ ብሩሽ

паста за зъби

የጥርስ ሳሙና

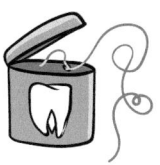

конец за зъби

የጥርስ ማፅጃ ክር

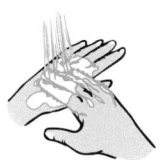

мия

መታጠብ

ръчен душ

የእጅ መታጠቢያ

интимен душ

መታጠቢያ

леген

ጎድጓዳ ሳህን

четка за гръб

የጀርባ ብሩሽ

сапун

ሳሙና

душ гел

መታጠቢያ የሚዝለገለግ ሳሙና

шампоан за вана

የፀጉር መታጠቢያ ሳሙና

гъба за баня

ለስላሳ ጨርቅ

сифон

ፍሳሽ

крем

ክሬም

дезодорант

ጠረን መቀየሪያ ንጥረ ነገር

огледало

መስታወት

козметично огледало

የእጅ መስታወት

ръчна самобръсначка

ምላጭ

пяна за бръснене

የመላጫ አረፋ

одеколон за след бръснене

ከመላጨት በኋላ የሚቀባ ሽቱ

гребен

ማበጠሪያ

четка

ብሩሽ

сешоар

የፀጉር ማድረቂያ

спрей за коса

በፀጉር ላይ የሚነፋ

грим

የፊት መቀባቢያ

червило

የከንፈር ቀለም

лак за нокти

የጥፍር ቀለም

памук

የጥጥ ሱፍ

ножица за нокти

ጥፍር መቁረጫ

парфюм

ሽቶ

тоалетна чантичка

ማጠቢያ ባልዲ

табуретка

መቀመጫ

везна

ሚዛን

хавлия

የመታጠቢያ ልብስ

домакински ръкавици

የላስቲክ ጓንት

тампон

ሞዴስ

дамски превръзки

የፅዳት ፎጣ

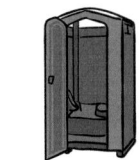

химическа тоалетна

የሽንት ቤት ኬሚካል

детска стая
የልጅ ክፍል

будилник
የማንቂያ ደዉል ሰዐት
плюшена играчка
የህፃን አሻንጉሊት
автомобил играчка
የመጫወቻ መኪና
дрънкалка
ማንገጫገጫ መጫወቻ
къща за кукли
የአሻንጉሊት ቤት
подарък
ስጦታ

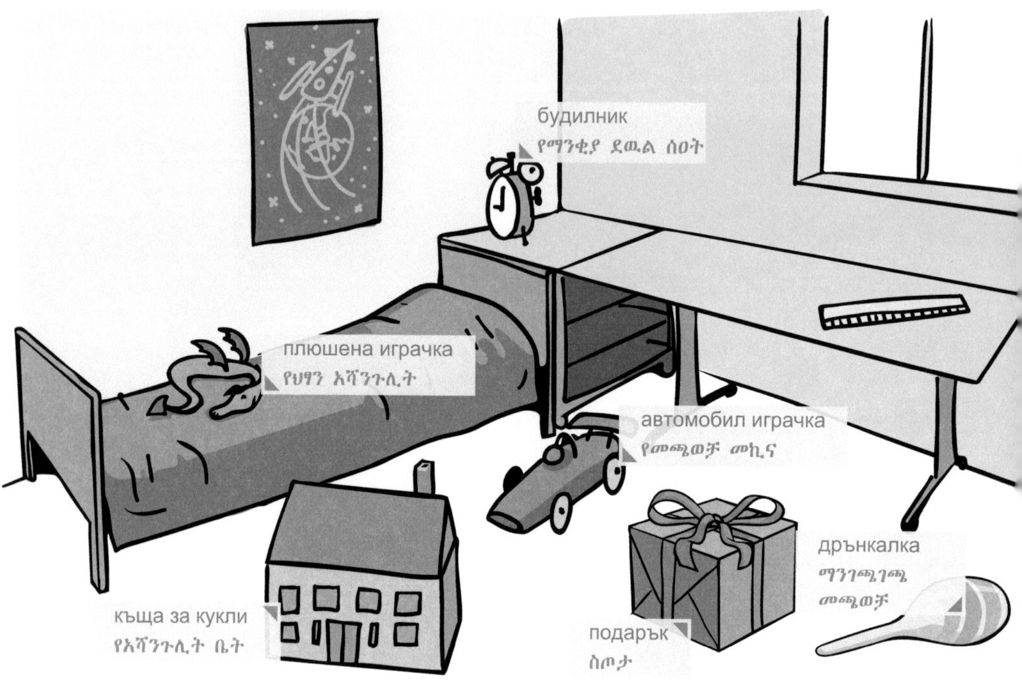

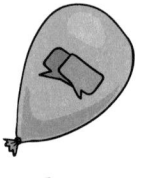

балон

ፊኛ

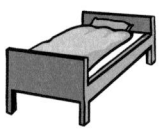

легло

አልጋ

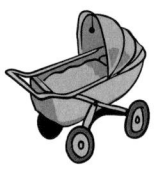

детска количка

የህፃን ማንሸራሸሪያ ጋሪ

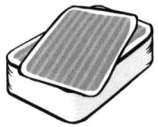

игра на карти

የካርታ መጫወቻ

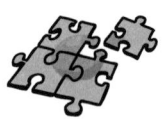

пъзел

ቁርጥራጭ ምስሎችን የማገጣጠም
እና ምስል የማግኘት ጨዋታ

SUPER
MEGA

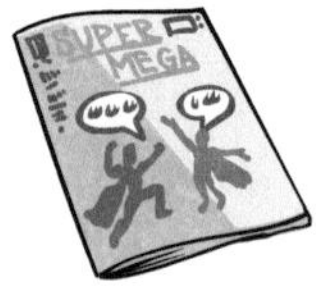

комикс

አዝናኝ

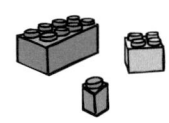

лего елементи

ተገጣጣሚ መጫወቻ

строителни елементи

የመጫወቻ መገጣጠሚያዎች

екшън фигурка

የድርጊት ምስል

бебешки гащеризон

የህፃን እድገት

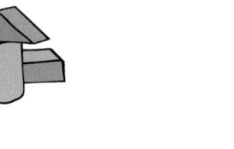

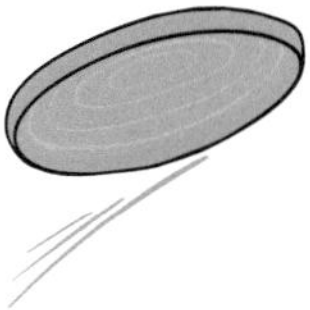

фрисби

የፕላስቲክ መጫወቻ ዝርግ ሰሀን

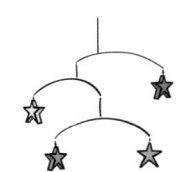

бебешки играчки за легло

ተወዛዋዥ የህፃን ማጫወቻ

настолна игра

የሰሌዳ ጨዋታ

зарче

የመጫወቻ ጠጠር

миниатюрно влакче

የመጫወቻ ባቡር

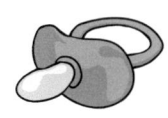

биберон

የእንጀራ እናት ጡጦ

парти

ድግስ

детска книга с илюстрации

የስዕል መፅሀፍ

топка

ኳስ

кукла

አሻንጉሊት

играя

መጫወት

пясъчник

የአሸዋ መጫወቻ

люлка

ዥዋዥዌ

играчка

መጫወቻዎች

игрова конзола

የቪዲዮ መጫወቻ

велосипед с три колелета

ባለ ሶስት ጎማ ብስክሌት

плюшено мече

የአሻንጉሊት ድብ

гардероб

ቁምሳጥን

облекло

አልባሳት

къси чорапи

ካልሲዎች

дълги чорапи

ስቶኪንጎች

чорапогащник

ታይት

шал
የአንገት ልብስ

чадър
ግንጥላ

Т-шърт
ከናቴራ

колан
ቀበቶ

ботуши
ቡቲ

пантофи
የቤት ዉስጥ ነጠላ
ጫማ

гуменки
ስኒከሮች

сандали

ነጠላ ጫማዎች

обувки

ጫማዎች

гумени ботуши

የጎኒብ ቡትስ

слип

ሙታንታ

сутиен

ጡት መያዣ

долна блуза

ሰደርያ

боди

ሰዉነት

панталон

ሱሪዎች

дънки

ጅንስ

пола

ጉርድ ቀሚስ

блуза

ሸሚዝ

риза

ሸሚዝ

пуловер

የሚጠለቅ ሹራብ

суичър

ሹራብ

блейзър

ዩኒፎርም ጃኬት

яке

ጃኬት

палто

ኮት

дъждобран

የዝናብ ኮት

костюм

ልብስ

рокля

ቀሚስ

булчинска рокля

የሙሽራ ቀሚስ

костюм

ሱፍ

нощница

የለሊት ልብስ

пижама

የለሊት ልብስ

сари

ረጅም ቀሚስ

кърпа за глава

ሂጃብ

тюрбан

ጥምጣም

бурка

ቡርቃ

кафтан

ሽርጥ

абая

አባያ

бански костюм

የዋና ልብስ

плувни шорти

አጭር ቁምጣ

къс панталон

ቁምጣዎች

анцуг

የስራ ቱታ

престилка

ሽርጥ

ръкавици

ጓንት

копче

ቁልፍ

очила

መነፅር

гривна

አምባር

верижка

የአንገት ሀብል

пръстен

ቀለበት

обеца

የጆሮ ጌጥ

каскет

ኮፍያ

закачалка

የኮት መስቀያ

шапка

ኮፍያ

вратовръзка

ከረቫት

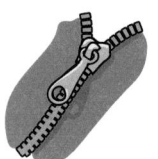

цип

ዚፕ

каска

የብረት ቆብ

тиранти

መደገፊያ

ученическа униформа

የትምህርት ቤት የደንብ ልብስ

униформа

የደንብ ልብስ

лигавник

መሃረብ

биберон

የእንጀራ እናት ጡጦ

пелена

ሽንት ጨርቅ

офис

ቢሮ

сървър
ማሰራጫ ጣቢያ
шкаф за документи
የፋይል መደርደሪያ ካቢኔ
принтер
የህትመት መሳሪያ
хартия
ወረቀት
монитор
መቆጣጠሪያ
мишка
ማዉዝ
бюро
መፃፊያ ጠረጴዛ
папка
ማህደር
клавиатура
የመፃፊ ቁልፎች
кошче за хартиени отпадъци
የቆሻሻ ወረቀት መጣያ ቅርጫት
компютър
ኮምፒዉተር
стол
ወንበር

чаша за кафе

የቡና መጠጫ ትልቅ ኩባያ

джобен калкулатор

ማስልያ ማሽን

интернет

ኢንተርኔት

лаптоп

ላፕቶፕ

писмо

ደብዳቤ

съобщение

መልዕክት

мобилен телефон

ተንቀሳቃሽ ስልክ

мрежа

የግንኙነት አዉታር

ксерокс

ማባዣ ማሽን

софтуер

ሶፍትዌር

телефон

ስልክ

контакт

የግድግዳ ሶኬት

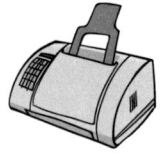

факс

የፋክስ ማሽን

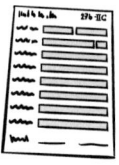

формуляр

ቅፅ

документ

ሰነድ

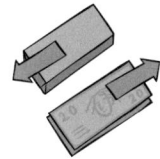

купувам

መግዛት

плащам

መክፈል

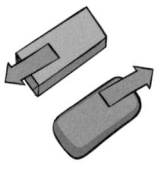

търгувам

መነገድ

пари

ገንዘብ

долар

ዶላር

евро

ዩሮ

йена

የን

рубла

ሩብል

швейцарски франк

የስዊዝ ፍራንክ

ренминби юан

ሬንሚንቢ ዮዋን

рупия

ሩፒ.

банкомат

የገንዘብ ነጥብ

обменно бюро

የዉጭ ገንዘብ ምንዛሪ ቢሮ

злато

ወርቅ

сребро

ብር

нефт

ዘይት

енергия

ሀይል፤ ጉልበት

цена

ዋጋ

договор

ግንኙነት

данък

ቀረጥ

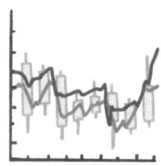

акция

አክስዮን

работя

መስራት

служител

ተቀጣሪ

работодател

ቀጣሪ

фабрика

ፋብሪካ

магазин за цветя

ሱቅ

професии

የስራ ሙያዎች

полицай
የፖሊስ አዛዥ
пожарникар
የእሳት አደጋ ሰራተኛ
готвач
ምግብ አብሳይ
лекар
ዶክተር
пилот
አብራሪ

градинар

አትክልተኛ

мебелист

አናጢ

шивачка

ልብስ ሰፊ ሴት

съдия

ዳኛ

химик

ቀማሚ

артист

ተዋናይ

шофьор на автобус

የአዉቶቢስ ሹፌር

шофьор на такси

የታክሲ ሹፌር

рибар

አሳ አጥማጅ

чистачка

ፅዳት ሰራተኛ

майстор на покриви

የጣራ ሰራተኛ

келнер

አስተናጋጅ

ловец

አዳኝ

художник

ሰዓሊ

хлебар

ጋጋሪ

електротехник

የኤሌትሪክ ሰራተኛ

строителен работник

ገምቢ

инженер

መሃንዲስ

касапин

ልኳንዳ

тенекеджия

የቧንቧ ሰራተኛ

пощальон

የፖስታ ሰራተኛ

войник

ወታደር

архитект

መሃንዲስ

касиер

የሒሳብ ሰራተኛ

цветар

አበባ ሻጭ

фризьор

የፀጉር ሰራተኛ

кондуктор

ቲኬት ቆራጭ

механик

መካኒክ

капитан

ካፒቴን

зъболекар

የጥርስ ሐኪም

научен работник

ተመራማሪ

равин

መምህር

имàм

የሙስሊም ሃይማኖታዊ መሪ

монах

መነኩሴ

свещеник

ካህን

инструменти

መሳሪያዎች

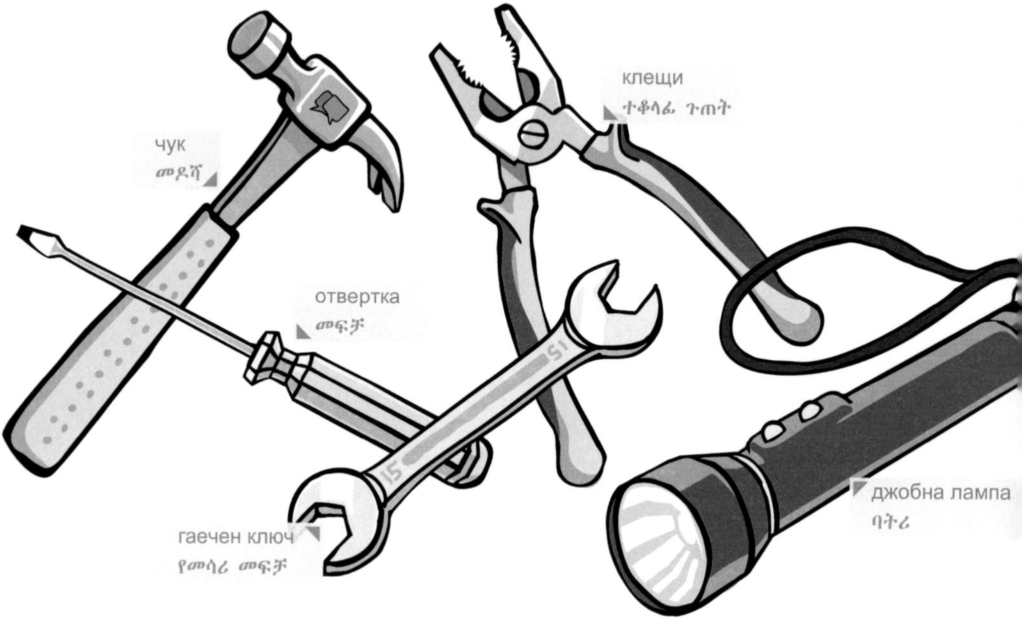

чук
መዶሻ
клещи
ተቆላፊ ጉጠት
отвертка
መፍቻ
гаечен ключ
የመሳሪ መፍቻ
джобна лампа
ባትሪ

багер

በቁፋሮ የሚዝቅ

кутия за инструменти

የመፍቻ ሳጥን

стълба

መሰላል

трион

መጋዝ

пирони

ምስማር

бормашина

መሰርሰሪያ

ремонтирам

መጠገን

лопата

አካፋ

По дяволите!

የተረገመ!

лопатка за смет

ቆሻሻ ማፈሻ

кутия за боя

የቀለም ቆርቆሮ

болтове

ብሎን

музикални инструменти

የሙዚቃ መሳሪያዎች

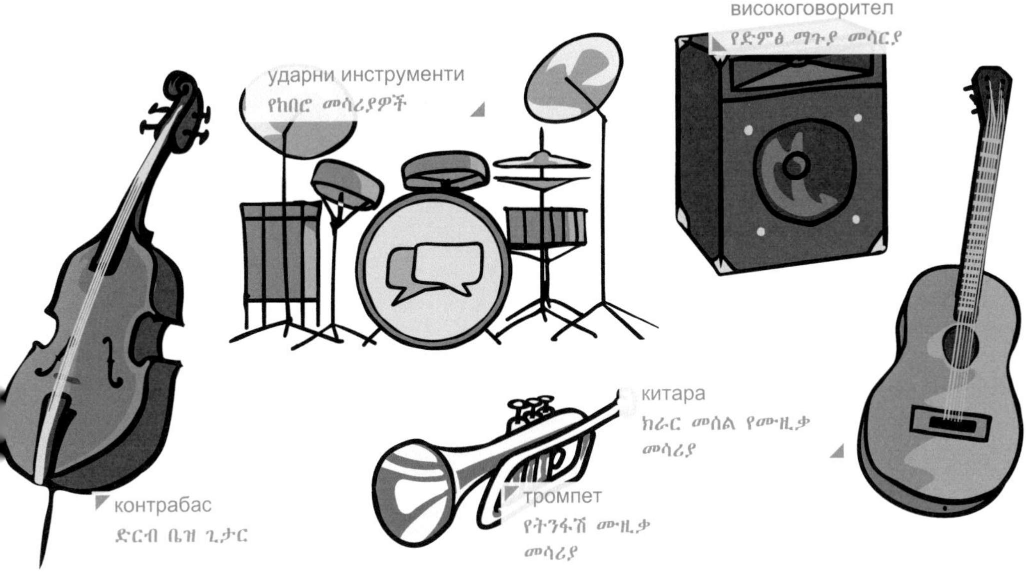

високоговорител
የድምፅ ማጉያ መሳርያ
ударни инструменти
የከበሮ መሳሪያዎች
китара
ክራር መሰል የሙዚቃ መሳሪያ
контрабас
ድርብ ቤዝ ጊታር
тромпет
የትንፋሽ ሙዚቃ መሳሪያ

музикални инструменти - የሙዚቃ መሳሪያዎች 57

пиано

ፒያኖ

виолина

ቫዮሊን

контрабас

ወፍራም፤ጎርናና ድምፅ ያለዉ ክራር መሰል ሙዚቃ መሳሪያ

тимпан

ነጋሪት

барабан

ከበሮ

електрическо пиано

በኤሌክትሪክ የሚሰራ ፒኖ

саксофон

የትንፋሽ ሙዚቃ መሳሪያ

флейта

ዋሽንት

микрофон

የድምፅ ማጉያ

зоологическа градина

የደር እንስሳት ማቆያ

вход
መግቢያ
тигър
ነብር
бръмбар
ሳጥን
зебра
የሜዳ አህያ
храна за животни
የእንስሳ ምግብ
панда
ትልቅ ድብ

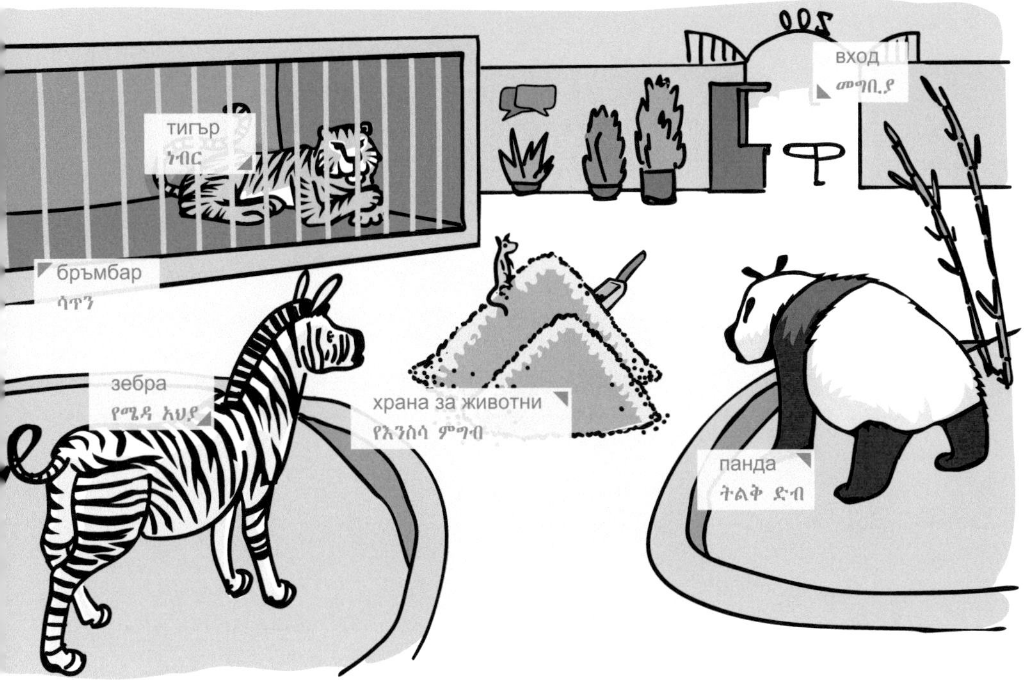

животни

እንስሳቶች

слон

ዝሆን

кенгуру

ካንጋሮ

носорог

አዉራሪስ

горила

ትልቅ ዝንጀሮ

мечка

ድብ

камила

ግመል

щраус

ሰጎን

лъв

አንበሳ

маймуна

ጦጣ

фламинго

ቅልጥመ ረዥም ወፍ

папагал

በቀቀን

бяла мечка

የወዋልታ ድብ

пингвин

የዋልታ ወፎች

акула

ረጅም ጥርሶች ያሉትአሳ ነባሪ

паун

ጣዎስ

змия

እባብ

крокодил

አዞ

пазач в зоологическа градина

የዱር አራዊት የሚጠበቁበት ማቆያን የሚጠብቅ

тюлен

አሳ በሊታ የባህር እንስሳ

ягуар

የዱር ድመት

пони

ድንክ ፈረስ

леопард

ነብር

хипопотам

ጉማሬ

жираф

ቀጭኔ

орел

ንስር

диво прасе

ከርከሮ

риба

አሳ

костенурка

የባህር ኤሊ

морж

የባህር አዉሬ

лисица

ቀበሮ

газела

የሜዳ ፍየል፤ሚዳቋ

спорт
የስፖርት አይነቶች

американски футбол
የአሜሪካ እግርኳስ
колоездене
የብስክሌት ስፖርት
тенис
ቴኒስ
баскетбол
የቅርጫት ኳስ
плуване
ዋና
бокс
የቡጢ ስፖርት
хокей на лед
የበረዶ ላይ የገና ጨዋታ

футбол

እግር ኳስ

бадминтон

የላባ ኳስ ጨዋታ

лека атлетика

አትሌቲክስ

хандбал

የእጅ ኳስ ስፖርት

ски бягане

የበረዶ መንሸራተት ስፖርት

поло

ፈረስ ግልቢያ

скачам
መዝለል

смея се
መሳቅ

прегръщам
ማቀፍ

вървя
መራመድ

пея
መዘመር

сънувам
ህልም ማለም

моля се
መፀለይ

целувам
መሳም

пиша
መፃፍ

рисувам
መሳል

показвам
ማሳየት

бутам
መግፋት

давам
መስጠት

взимам
መዉሰድ

имам

መያዝ

правя

ማድረግ

съм

መሆን

стоя

መቆም

тичам

መሮጥ

дърпам

መሳብ

хвърлям

መወርወር

падам

መዉደቅ

лежа

መዋሸት

чакам

መጠበቅ

нося

መሸከም

седя

መቀመጥ

обличам

መልበስ

спя

መተኛት

събуждам се

መንቃት

разглеждам

መመልከት

плача

ማለልቀስ

милвам

መጫር

реша се

ማበጠር

говоря

ማዉራት

разбирам

መረዳት

питам

ጥያቄ

слушам

ማዳመጥ

пия

መጠጣት

ям

መብላት

разтребвам

ማንፃት

обичам

ማፍቀር

готвя

ምግብ ማብሰል

карам автомобил

መንዳት

летя

መብረር

плавам (с платна)

መርከብ መንዳት

смятане

ቁጥሮችን ማስላት

чета

ማንበብ

уча

መማር

работя

መስራት

женя се

ማግባት

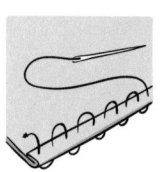

шия

መስፋት

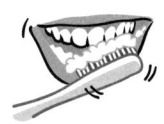

измивам си зъбите

ጥርስ መቦረሽ

убивам

መግደል

пуша

ማጨስ

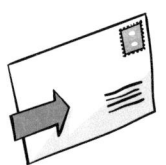

изпращам

መላክ

семейство

ቤተሰብ

баба
የሴት አያት
дядо
የወንድ አያት
баща
አባት
майка
እናት
бебе
ህፃን
дъщеря
ሴት ልጅ
син
ወንድ ልጅ

посетител

እንግዳ

леля

አክስት

чичо

አጎት

брат

ወንድም

сестра

እህት

ТЯЛО

አካል

чело
ግንባር
око
አይን
рамо
ትከሻ
пръст
ጣት
лице
ፊት
брадичка
አገጭ
ръка
እጅ
крак
እግር
гърди
ጡት
ръка
ክንድ

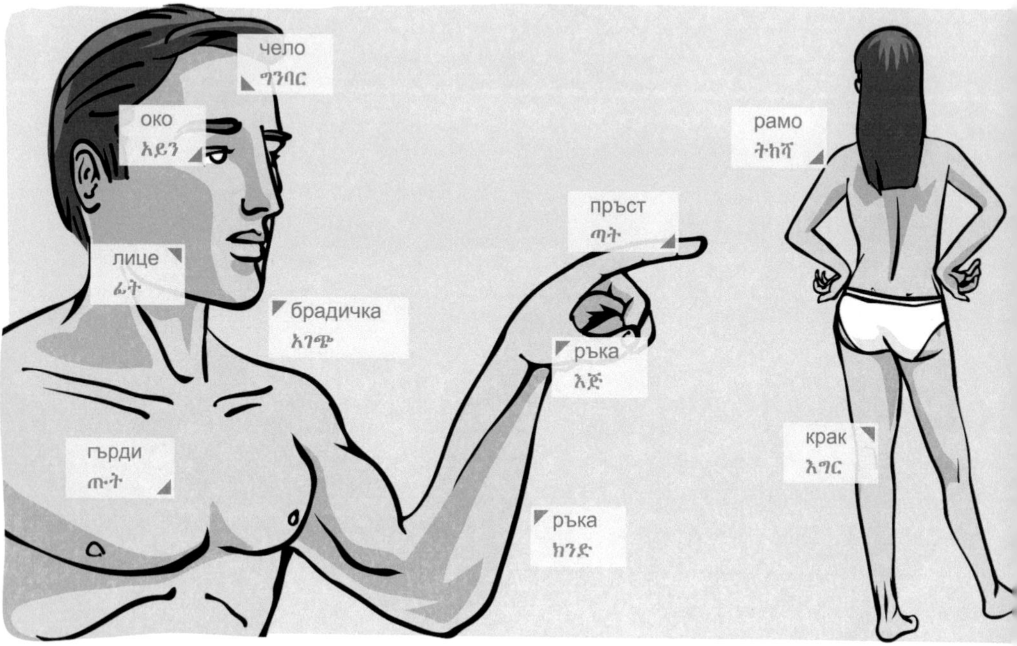

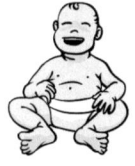

бебе

ህፃን

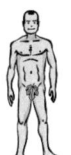

мъж

ሰዉ

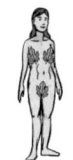

жена

ሴት

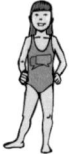

момиче

ልጃገረድ

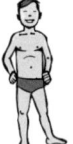

момче

ወንድ ልጅ

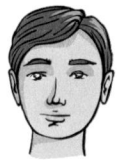

глава

ራስ

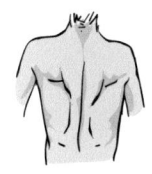

гръб

ጀርባ

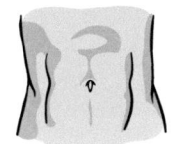

корем

ሆድ

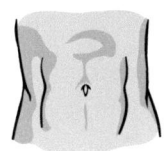

пъп

እምብርት

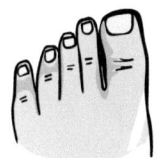

пръст на крака

የእግር ጣት

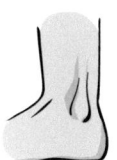

пета

ተረከዝ

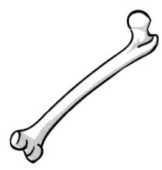

кост

አጥንት

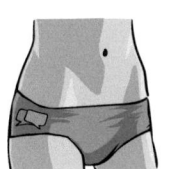

хълбок

ዳሌ

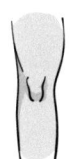

коляно

ጉልበት

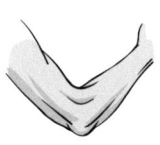

лакът

ክርን

нос

አፍንጫ

седалище

ቂጥ

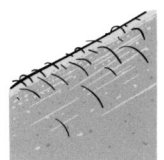

кожа

ቆዳ

буза

ጉንጭ

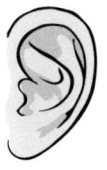

ухо

ጆሮ

устна

ከንፈር

уста

አፍ

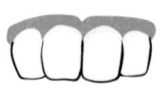

зъб

ጥርስ

език

ምላስ

мозък

አንጎል

сърце

ልብ

мускул

ጡንቻ

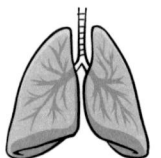

бял дроб

ሳምባ

черен дроб

ጉበት

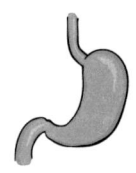

стомах

ሆድ

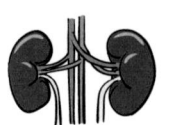

бъбреци

ኩላሊቶች

полово сношение

የግብረስጋ ግንኙነት

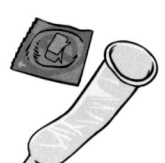

кондом

ኮንዶም

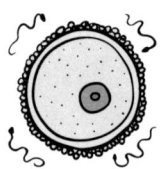

яйцеклетка

የሴት እንቁላል

сперма

የዘር ፈሳሽ

бременност

እርግዝና

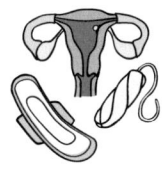

менструация

የወር አበባ

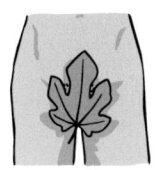

вагина

እምስ

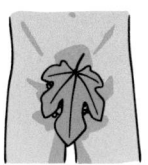

пенис

ቁላ

вежда

ቅንድብ

коса

ፀጉር

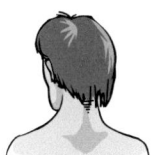

шия

አንገት

болница

ሆስፒታል

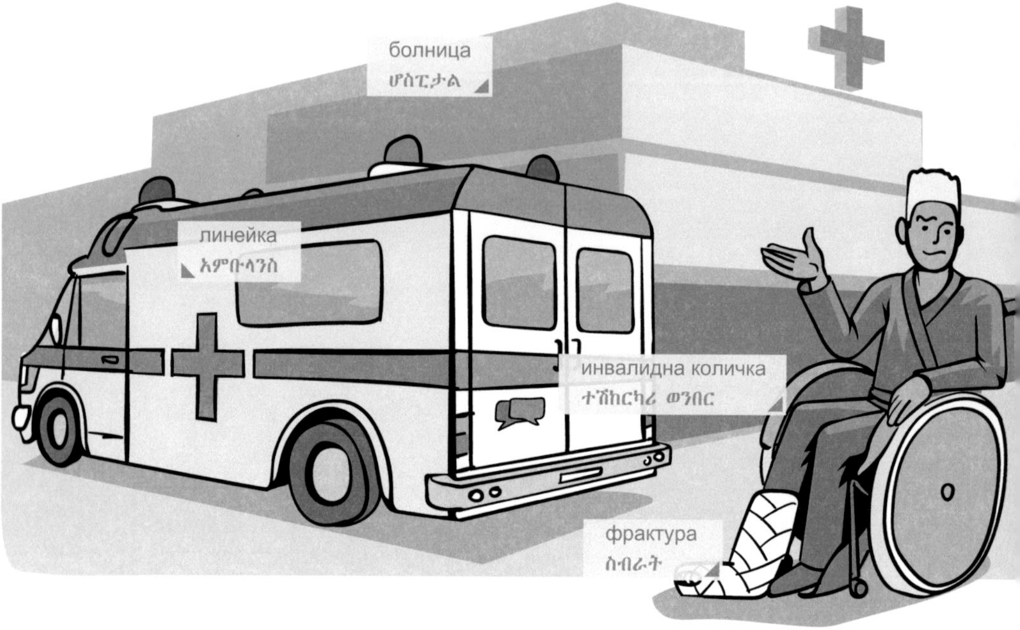

болница
ሆስፒታል
линейка
አምቡላንስ
инвалидна количка
ተሽከርካሪ ወንበር
фрактура
ስብራት

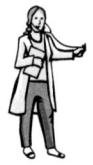

лекар

ዶክተር

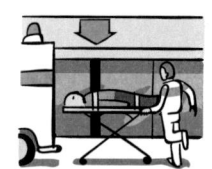

спешна хоспитализация

ድንገተኛ ክፍል

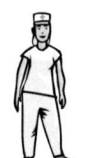

медицинска сестра

ነርስ

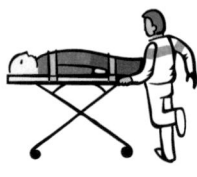

спешен случай

ድንገተኛ

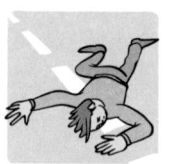

в безсъзнание

ራስን መሳት/ አለማወቅ

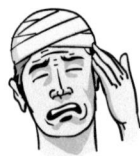

болка

ህመም

нараняване

ጉዳት

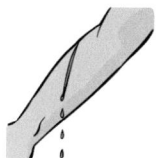

кървене

መድማት

инфаркт

የልብ ድካም

инсулт

ስትሮክ

алергия

አለርጂ

кашлица

ሳል

температура

ትኩሳት

грип

ኢንፍሎዌንዛ

диария

ተቅማጥ

главоболие

የራስ ምታት

рак

ካንሰር

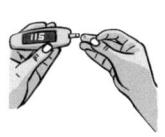

диабет

የስኳር በሽታ

хирург

ቀዶ ጠጋኝ ሐኪም

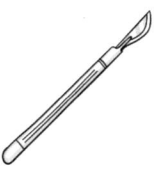

скалпел

የቀዶ ጥገና ስለት

операция

ቀዶ ጥገና

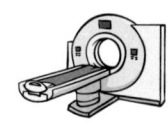

компютърна томография

ሲቲ

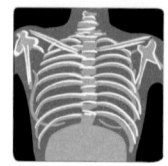

рентген

ኤክስሬዮ

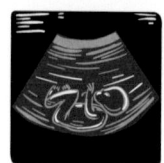

ултразвук

አልትራሳዉንድ

маска

የፊት ጭምብል

болест

በሽታ

чакалня

መጠበቂያ ክፍል

патерица

ምርኩዝ

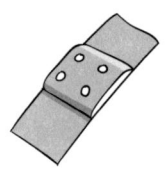

пластир

የቁስል ማሸጊያ

превръзка

ፋሻ

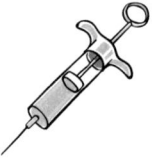

инжекция

መርፌ

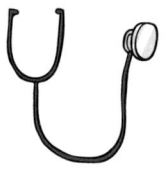

стетоскоп

የልብ ምት ማዳመጫ መሳሪያ

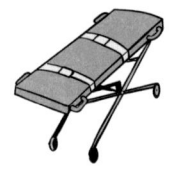

носилка

የበሽተኛ አልጋ

термометър

የህክምና ሙቀት መለኪያ መሳሪያ

раждане

መውለድ

наднормено тегло

ክልክ ያለፈ ክብደት

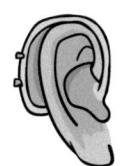

слухов апарат

ለመስማት የሚረዳ መሳሪያ

дезинфекционно средство

ፀረ ተባይ መድሀኒት

инфекция

ማመርቀዝ

вирус

ቫይረስ

HIV / AIDS

ኤች አይቪ ኤድስ

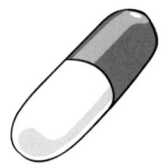

медицина

ህክምና

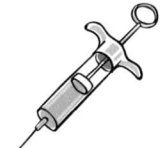

ваксинация

ክትባት

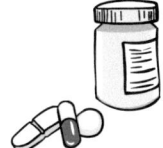

таблети

ኪኒን

противозачатъчна
таблетка
ኪኒን

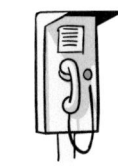

спешно телефонно
обаждане
አስቸኳይ የስልክ ጥሪ

апарат за измерване на
кръвното налягане

ደም ግፊት መቆጣጠሪያ

болен / здрав

ህመም/ ጤንነት

спешен случай

ድንገተኛ

Помощ!

እርዳታ!

сигнал за тревога

ማንቂያ ደዉል

нападение

ጥቃት

атака

ድብደባ

опасност

አደጋ

авариен изход

የድንገተኛ መዉጫ

Пожар!

እሳት!

пожарогасител

እሳት ማጥፊያ

злополука

አደጋ

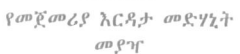

комплект за оказване на първа помощ

የመጀመሪያ እርዳታ መድሃኒት መያዣ

SOS

ነፍስ አድን

полиция

ፖሊስ

Европа

አዉሮፓ

Северна Америка

ሰሜን አሜሪካ

Южна Америка

ደቡብ አሜሪካ

Африка

አፍሪካ

Азия

እስያ

Австралия

አዉስት ራሊ ያ

Атлантически океан

አትላንቲክ

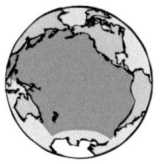

Тихи океан

ፓስፊክ

Индийски океан

የህንድ ዉቅያኖስ

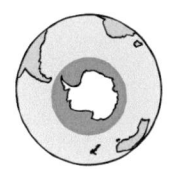

Южен ледовит океан

አንታርክቲክ ዉቅያኖስ

Северен ледовит океан

አርክቲክ ዉቅያኖስ

Северен полюс

ሰሜን ዋልታ

Южен полюс

ደቡብ ዋልታ

Антарктида

አንታርክቲካ

Земя

ምድር

суша

መሬት

море

ባህር

остров

ደሴት

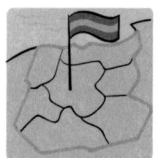

нация

አገርና ህዝብ

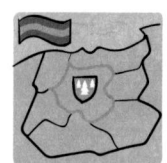

държава

መንግስት

часовник

ሰዓት

циферблат

የሰዓት ገፅታ

стрелка на часовете

ሰዓት

стрелка на минутите

ደቂቃ

стрелка на секундите

ሴኮንድ

Колко е часът?

ስንት ሰዓት ነው?

ден

ቀን

време

ጊዜ

сега

አሁን

дигитален часовник

የቁጥር ሰዐት

минута

ደቂቃ

час

ሰዓታት

седмица
ሳምንት

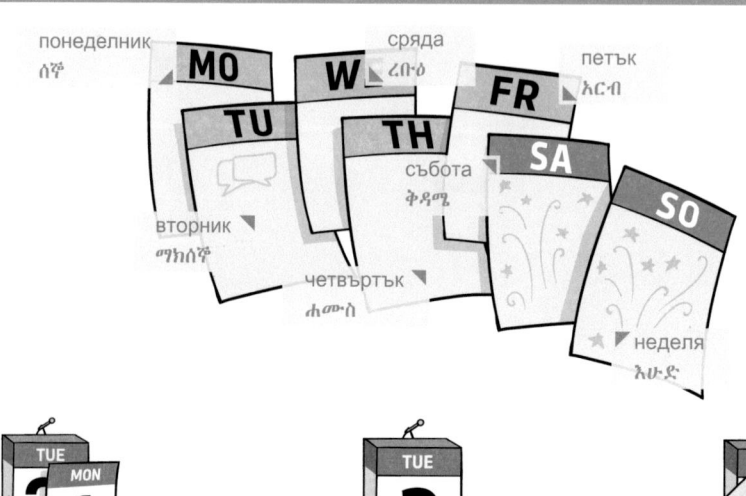

понеделник
ሰኞ

сряда
ረቡዕ

петък
ኣርብ

вторник
ማክሰኞ

четвъртък
ሐሙስ

събота
ቅዳሜ

неделя
እሁድ

вчера

ትላንት

днес

ዛሬ

утре

ነገ

сутрин

ማለዳ

обед

ቀትር

вечер

ምሽት

MO	TU	WE	TH	FR	SA	SU
1	2	3	4	5	6	7
8	9	10	11	12	13	14
15	16	17	18	19	20	21
22	23	24	25	26	27	28
29	30	31	1	2	3	4

работни дни

የስራ ቀናት

MO	TU	WE	TH	FR	SA	SU
1	2	3	4	5	6	7
8	9	10	11	12	13	14
15	16	17	18	19	20	21
22	23	24	25	26	27	28
29	30	31	1	2	3	4

уикенд

የዕረፍት ቀናት

дъжд
ዝናብ

дъга
ቀስተ ዳመና

сняг
ጥጥ የሚመስል አመዳይ
በረዶ

в...
ነፋስ

пролет
ፀደይ

есен
መኸር

лято
በጋ

зима
ክረምት

4.APRIL	11°	☀
5.APRIL	4°	
6.APRIL	13°	
7.APRIL	8°	☀
8.APRIL	10°	☀

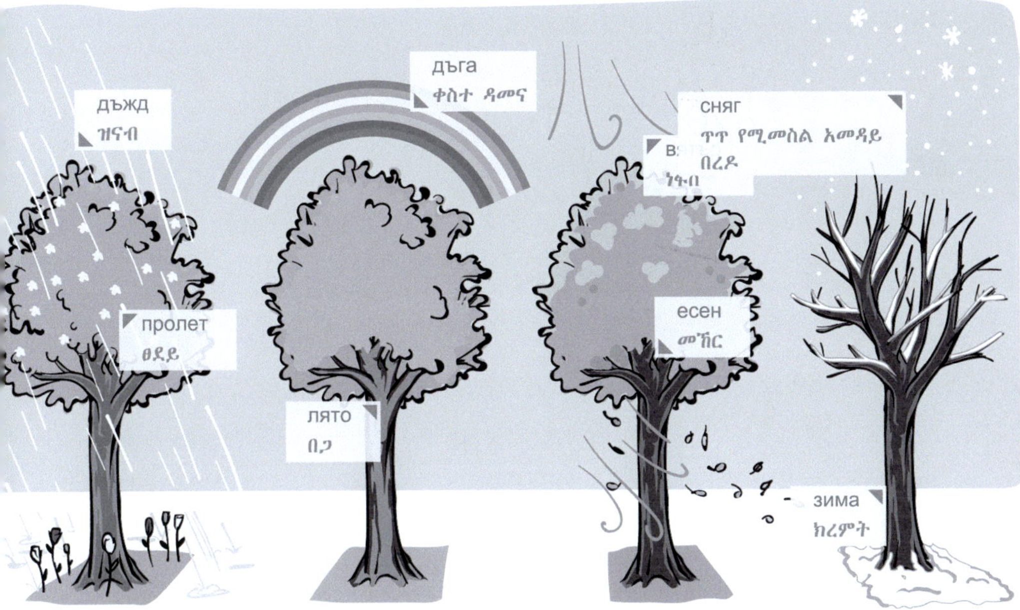

прогноза за времето

የአየር ሁኔታ ትንበያ

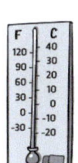

термометър

የሙቀት መለኪያ

слънчева светлина

የፀሀይ ሙቀት

облак

ደመና

мъгла

ጭጋግ

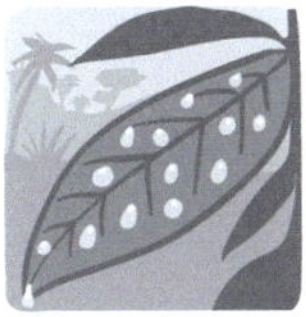

влажност на въздуха

እርጥበታማነት

светкавица

መብረቅ

гръмотевица

ነጎድጓድ

буря

አዉሎ ንፋስ

градушка

የበረዶ ዝናብ

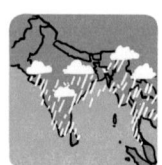

мусон

አዉሎ ንፋስ

наводнение

ጎርፍ

лед

በረዶ

януари

ጥር

февруари

የካቲት

март

መጋቢት

април

ሚያዚያ

май

ግንቦት

юни

ሰኔ

юли

ሐምሌ

август

ነሀሴ

септември

መስከረም

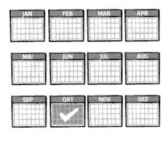

октомври

ጥቅምት

ноември

ህዳር

декември

ታህሳስ

форми

ቅርፆች

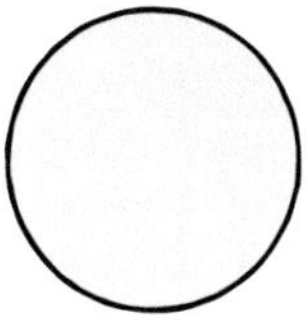

кръг

ክብ

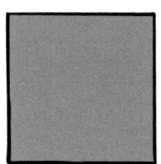

квадрат

አራት ማዕዘን

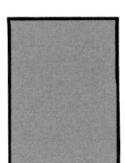

четириъгълник

አራት ቀጥተኛ ማዕዘኖች ጎኖች ያሉት ቅርፅ

триъгълник

ሶስት ማዕዘን

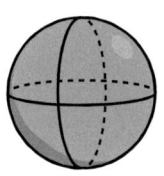

сфера

ሉል

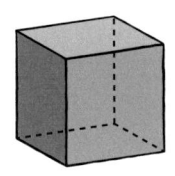

куб

ስድስት ጎን ያለዉ ቅርፅ

цветове

ቀለማት

бял

ነጭ

жълт

ቢጫ

оранжев

ብርቱካናማ

розов

ሮዝ

червен

ቀይ

лилав

ወይን ጠጅ

син

ሰማያዊ

зелен

አረንጓዴ

кафяв

ቡኒ

сив

ግራጫ

черен

ጥቁር

противоположности

ተቃራኒዎች

много / малко

ብዙ/ ጥቂት

ядосан / спокоен

ንዴት/ እርጋታ

красив / грозен

ቆንጆ/ አስቀያሚ

начало / край

ጅማሬ/ ፍፃሜ

голям / малък

ትልቅ/ ትንሽ

светъл / тъмен

ደማቅ/ ደብዛዛ

брат / сестра

ወንድም/ እህት

чист / мръсен

ንፁህ/ ቆሻሻ

пълен / непълен

የተሟላ/ ያልተሟላ

ден / нощ

ቀን/ ምሽት

мъртъв / жив

የሞተ/ ህያዉ

широк / тесен

ሰፊ/ ጠባብ

ядлив / неядлив

የሚበላ/ የማይበላ

сърдит / любезен

ክፉ/ ደግ

развълнуван / скучаещ

ደስተኛ/ ድብርተኛ

дебел / тънък

ወፍራም/ ቀጭን

най-напред / най-накрая

መጀመርያ/ መጨረሻ

приятел / враг

ጓደኛ/ ጠላት

пълен / празен

ሙሉ/ ጎዶሎ

твърд / мек

ጠንካራ/ ለስላሳ

тежък / лек

ከባድ/ ቀላል

глад / жажда

ረሃብ/ ጥማት

болен / здрав

ህመም/ ጤንነት

нелегален / легален

ህገወጥ/ ህጋዊ

интелигентен / глупав

ጎበዝ/ ደደብ

ляво / дясно

ግራ/ ቀኝ

близо / далече

ቅርብ/ ሩቅ

нов / употребяван

አዲስ/ አሮጌ

нищо / нещо

ምንም/ የሆነ ነገር

стар / млад

ሽማግሌ/ ወጣት

вкл. / изкл.

የበራ/ የጠፋ

отворен / затворен

ክፍት/ ዝግ

тих / силен (звук)

ፀጥታ/ ጫጫታ

богат / беден

ሃብታም/ ደሃ

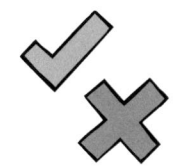

правилен / погрешен

ትክክለኛ/ የተሳሳተ

грапав / гладък

ሻካራ/ ለስላሳ

тъжен / щастлив

ሐዘን/ ደስታ

дълъг / къс

አጭር/ ረዥም

бавен / бърз

ዝግተኛ/ ፈጣን

мокър / сух

እርጥብ/ ደረቅ

топъл / студен

ሞቃት/ ቀዝቃዛ

война / мир

ጦርነት/ ሰላም

числа

ቁጥሮች

0

нула

ዜሮ

1

едно

አንድ

2

две

ሁለት

3

три

ሶስት

4

четири

አራት

5

пет

አምስት

6

шест

ስድስት

7

седем

ሰባት

8

осем

ስምንት

9

девет

ዘጠኝ

10

десет

አስር

11

единадесет

አስራ አንድ

12

дванадесет

አስራ ሁለት

13

тринадесет

አስራ ሶስት

14

четиринадесет

አስራ አራት

15

петнадесет

አስራ አምስት

16

шестнадесет

አስራ ስድስት

17

седемнадесет

አስራ ሰባት

18

осемнадесет

አስራ ስስምንት

19

деветнадесет

አስራ ዘጠኝ

20

двадесет

ሃያ

100

сто

መቶ

1.000

хиляда

ሺህ

1.000.000

милион

ሚሊዮን

езици

ቋንቋዎች

английски

እንግሊዝኛ

американски английски

የአሜሪካ እንግሊዝኛ

китайски мандарин

የቻይና ማንዳሪን

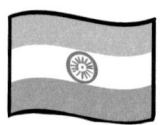

хинди

ሂንዱ

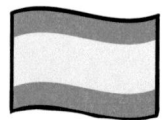

испански

ስፓኒሽ

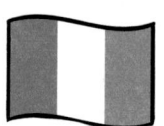

френски

ፍሬንች

арабски

አረብኛ

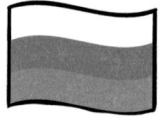

руски

ራሺያኛ

португалски

ፖርቹጊዝ

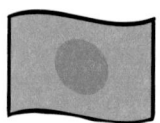

бенгалски

ቤንጋሊ

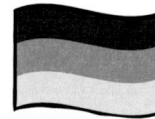

немски

ጀርመን

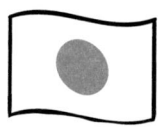

японски

ጃፓንኛ

кой / какво / как

ማን/ ምን/ እንዴት

аз

እኔ

ти

አንተ

той / тя / то

እሱ/ እርሷ/ እቃዉ

ние

እኛ

вие

አንተ

те

እነርሱ

кой?

ማን?

какво?

ምን?

как?

እንዴት?

къде?

የት?

кога?

መቼ?

име

ስም

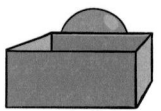

къде

የት

зад

በስተጀርባ

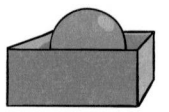

в

ዉስጥ

пред

ከፊት ለፊት

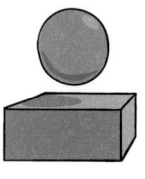

над

ከላይ

върху

ላይ

под

ከስር

до

አጠገብ

между

መሃከል

място

ቦታ